APPEL

A LA NOBLESSE

EUROPÉENNE.

PAR UN MEMBRE DE L'ORDRE SOUVERAIN.
DE SAINT-JEAN DE JERUSALEM.

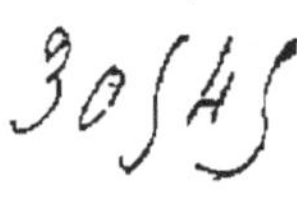

PARIS,

ADRIEN EGRON, IMPRIMEUR
DE SON ALTESSE ROYALE MONSEIGNEUR DUC D'ANGOULÊME,
rue des Noyers, n° 37.

1816.

APPEL

A LA NOBLESSE

EUROPÉENNE.

———

Aprés vingt-cinq ans d'agitations, l'Europe est enfin rendue au repos, toutes les nations participent aux bienfaits d'une paix générale; les vaines déclamations tombent dans le mépris, les malheurs se réparent, les institutions utiles et glorieuses s'affermissent, la Noblesse reparaît au milieu des cours, dont elle fut long-temps contrainte de s'exiler; elle retrouve sa place dans les rangs des braves qu'elle guida, pendant tant de siècles, dans le chemin de l'honneur; elle revient surtout pour ramener les exemples de dévouement et de fidélité au Roi, de cette fidélité sans laquelle le courage cesse d'être une vertu, et peut devenir un crime. Trop de voix se sont élevées en France contre les principes les plus sacrés : elles ont préparé la destruction des plus nobles coutumes ; mais enfin on accueille chaque jour davantage les idées justes et les seules vraiment utiles, puisqu'elles peuvent prévenir de nouveaux désastres, et effacer la trace de nos longues erreurs.

Cependant une espèce de timidité, de défiance de ses propres forces, semble arrêter l'expression de ceux qui, constans dans leurs devoirs et dans leurs sentimens, n'ont jamais partagé l'égarement d'un siècle qui s'est dit éclairé, et dont la lumière, semblable à celle des phosphores, trompe ceux qui se fient à ses lueurs perfides.

On affecte bien encore d'exalter le métier des écrivains qui n'ont que trop servi nos révolutions ; on rappelle l'éloquence des orateurs qui les ont défendues. Faut-il s'étonner de leur fatale renommée ?.......

On est toujours sûr de faire beaucoup de bruit en démolissant.

Mais le vieillard, dans sa sagesse, plante avec choix les arbres qu'il ne verra point croître et fructifier : il sait que leurs ombrages réjouiront ses descendans. C'est à ce sentiment, honoré parmi les hommes, que la Noblesse héréditaire doit son origine, et c'est pourtant cette même Noblesse, dont un amour-propre, aveugle dans ses excès, a long-temps conspiré la perte. Elle sort aujourd'hui de ses ruines; on respecte ce monument antique, le patrimoine des âges, les grandes, les belles actions y voient leur plus flatteuse récompense : il n'est donc plus question de la recréer? Elle est reconnue dans toute l'Europe, on veut seulement rechercher tous les moyens d'ajouter à sa splendeur, à sa solidité.

L'Ordre de Saint-Jean de Jérusalem réclame ce droit; on ne peut le lui contester : quelques réflexions sur son origine, ses statuts, ses ressources, et la nécessité de son entier rétablissement, ne paraîtront pas déplacées, à une époque où il n'est pas de monarque qui ne prenne pour règle les principes immuables de la justice, appelée seule à bien gouverner les hommes.

L'Ordre de Saint-Jean de Jérusalem, comme souverain légitime, doit donc s'attendre à une prochaine restauration : les biens dont il fut si arbitrairement dépouillé lui seront rendus, et les avantages auxquels il peut prétendre ne lui seront pas long-temps refusés. Les hautes puissances alliées voudront le protéger, et bientôt les peuples applaudiront à un nouvel acte d'une généreuse équité (1).

En parcourant l'histoire de l'Ordre de Saint-Jean, on reste convaincu que jamais de plus heureux résultats n'eurent une cause plus touchante. En effet, l'Ordre fut fondé pour soulager les pèlerins malades, que la dévotion amenait à Jérusalem; il reçut un lustre nouveau des vertus du bienheureux Gérard, qui s'en trouvait administrateur, lorsque Godefroy de Bouillon fut reconnu roi de Jérusalem par l'armée des Croisés, en 1099. L'Ordre était alors religieux; il devint militaire sous Raymond Dupuy, qui donna à l'Ordre des statuts et une règle qui, approuvée par les papes, se consolida, et fut de la plus grande utilité aux rois de Jérusalem, pour soutenir leur trône chancelant. Ainsi, dès sa naissance, on vit l'Ordre se consacrer à l'humanité souffrante, en secourant les malades et les blessés; à la

____

(1) Voyez l'excellent mémoire récemment publié par la commission des trois langues, et intitulé : *Mémoire historique pour l'Ordre souverain de Saint-Jean de Jérusalem, suivi de considérations politiques et morales sur le rétablissement de cet Ordre.*

gloire, en se vouant à la défense des rois dont on voulait abattre le pouvoir.

Lès Chevaliers acquirent alors une si grande célébrité, que le monde chrétien les combla de biens, d'honneurs et de distinctions, les regardant, dès ce moment, comme les plus fermes appuis de l'autel et du trône ; telle est la source des richesses de l'Ordre. En connaît-on beaucoup de plus noblement, de plus justement acquises ?

Pour prouver combien, dès sa naissance, l'Ordre obtint de considération, on doit dire qu'Alphonse Iᵉʳ, roi d'Arragon, se voyant sans postérité, déclara, par un testament solennel de 1131, les Hospitaliers, ses successeurs aux couronnes de Navarre et d'Arragon, « et « cela, parce qu'il ne connaissait personne « plus en état de conserver et de continuer « ses conquêtes sur les Maures. » La plupart des grands du royaume y souscrivirent. Il renouvela cette donation en 1132.

Les chrétiens ayant été forcés de quitter la Palestine en 1291, les Hospitaliers s'établirent à Limisso en Chypre ; là, ils continuèrent la guerre aux infidèles, et, en 1310, le grand-maître Villaret s'empara de Rhodes, et les

Hospitaliers, conduits par cet illustre chef, conquirent le nom de Chevaliers de Rhodes.

Soliman II, en 1522, après un siége mémorable, s'empara de l'île de Rhodes. Villiers-de-l'Isle-Adam, qui joignait aux talens militaires toutes les qualités qui distinguent les héros, dut à sa persévérance, à ses vertus remarquables, de sauver son Ordre, par les déférences que tous les potentats de l'Europe lui témoignèrent. Il obtint de Charles-Quint l'île de Malte, où il fut s'établir, et dont l'Ordre prit le nom, les Chevaliers n'ont pas cessé, jusqu'à nos jours, de montrer par de hauts faits, que chez eux la vertu guerrière n'avait pas dégénéré (1).

Cependant s'il est vrai que, depuis la trève faite avec le grand-seigneur, en 1725, l'Ordre ait commencé à briller de moins d'éclat, c'est que la paix donna plus rarement aux Chevaliers les occasions d'exercer leur courage ; mais encore et toujours, l'hospitalité conserva à Malte son culte et les ressources de la plus utile bienfaisance.

____

(1) Tous ces faits sont développés avec éloquence dans le Mémoire cité plus haut

Le grand-maître Perito développa, pendant un règne de trente-deux années, des connoissances variées et un esprit supérieur. Malte lui dut divers établissemens.

Ximenez, son successeur, rétablit les finances, et montra de l'habileté, un esprit ferme et une volonté constante de faire le bien ; il y réussit. Sous Rohan, l'esprit révolutionnaire, qui fomentait contre l'Ordre l'espèce de conjuration qui devait perdre ce dernier, commença à être remarqué ; enfin, ce fut sous son successeur que l'Ordre se vit obligé de renoncer à son chef-lieu, que tant d'années de gloire avoient rendu célèbre parmi les nations.

Un traité solennel, sur lequel repose la paix de l'Europe, a placé sous une autre domination l'île de Malte, dont les Chevaliers ne font point l'objet de leurs réclamations ; mais lorsque chaque prince dépossédé obtient des dédommagemens, les Chevaliers de Saint-Jean de Jérusalem seraient-ils les seuls dont les droits resteraient méconnus ? Ils n'ont point à craindre cette injustice ; ils espèrent tout de la bonté de leur cause, de la magnanimité des souverains, et ils s'attendent à voir la vieille Angleterre, dont l'honneur et la générosité sont particulièrement intéressés à ce que l'Ordre recouvre promptement un asile, travailler à lui rendre sa sécurité et son éclat.

La Noblesse européenne doit à son tour unir ses efforts à ceux que tentent sans cesse les chevaliers de Saint-Jean de Jérusalem, pour que la restauration de leur Ordre ne soit pas retardée ; appelée auprès des trônes, elle y peut porter la vérité, et solliciter vivement, sans paraître importune. Son dévouement, dans cette occasion, ne peut que l'honorer davantage, et ses démarches ne doivent pas être long-temps sans succès.

Il n'est pas besoin de faire ressortir, aux yeux de cette même Noblesse, les avantages qu'elle peut attendre du rétablissement de l'Ordre de Saint-Jean de Jérusalem, avantages nombreux qu'un auteur a récemment exposés avec éloquence (1) ; les statuts de l'Ordre ont toujours passé pour un chef-d'œuvre de sagésse. Il est donc à souhaiter qu'on les remette en vigueur, autant que pourront le permettre le temps, les lieux, les circons-

---

(1) Voyez la *Gaule poétique* de M. de Marchangy, 2ᵉ époque, t. IV, p. 267, et le *Mémoire historique* publié en 1816 par la commission des trois langues.

tances et les changemens qui, depuis leur établissement, sont arrivés dans les mœurs et dans les usages.

Les membres distingués de cet Ordre, justement célèbre, ne veulent pas rendre inutile leur repos momentané; ils préparent dans le silence des améliorations qui ne peúvent manquer d'être approuvées.

Un des premiers objets, et l'un des plus importans dont l'Ordre paroît s'occuper d'avance, c'est l'éducation de la jeune Noblesse. Par les soins des Chevaliers, les gentilshommes se formeront également à la piété et à l'exercice des armes. Dans chaque commanderie, un collége fut long-temps établi; cet usage, on veut le faire revivre, on veut aussi le perfectionner.

L'éducation simple d'alors consistait principalement à inspirer des principes religieux et des vertus guerrières; les marins de Louis XIV ont été formés à cette école. Il suffit de nommer Tourville, d'Hocquincourt, Châteaurenon et Suffren.

L'instruction peut devenir plus étendue, et plus efficace : on proposera d'établir au couvent des écoles générales et particulières, où l'on étudierait différentes sciences et des langues ; toute la jeunesse de l'Ordre serait forcée d'assister à ces écoles. Des examens rigides auraient lieu tous les ans pour encourager les progrès : l'italien, le grec, l'arabe et le turc seraient enseignés ; les mathématiques et les différentes branches de l'artillerie et du génie de la marine y seraient habilement professées. On serait tenu de suivre ces écoles jusqu'à l'âge de 25 ans, parce que ce n'est qu'à cet âge que l'on a pris le goût de l'étude, et que, faisant alors choix de l'état qu'on veut suivre, on peut de soi-même mettre à profit les connaissances acquises, en appliquant la théorie à la pratique.

Les écoles une fois bien établies, on s'empresserait d'y envoyer les jeunes Chevaliers, afin qu'ils pussent amasser les connaissances nécessaires pour suivre ensuite dans leurs pays des carrières de leur choix.

Quel avantage pour la Noblesse peu riche, de voir ses enfans élevés aux frais de l'Ordre, et recevant les premiers élémens des sciences, et les leçons de la morale et de la religion ! On serait sûr de trouver, par ce moyen, une pépinière de sujets formés par des mains sages, et nourris de bonnes doctrines, trop négligées de nos jours.

C'est surtout pour parvenir à ce noble but, que l'Ordre de Saint-Jean de Jérusalem désire avec le plus d'ardeur son rétablissement; il ne réclame ses propriétés non vendues que pour les consacrer de nouveau au soulagement de l'humanité, à celui de cette Noblesse malheureuse, échappée avec tant de peines à de sanglantes proscriptions.

L'Ordre des Hospitaliers, fidèle en même temps à l'esprit de son institution, ne négligerait pas la création d'hospices dans la plupart de ses commanderies; ainsi les peuples sont intéressés à ce que les Chevaliers soient écoutés avec faveur.

Par un autre miracle de cette Providence, que l'on ne peut s'empêcher de reconnaître à ses œuvres, la plupart des biens de l'Ordre ont échappé à la dévastation générale.

En Autriche, ils sont intacts.

En Bavière, on peut en retrouver une grande partie qui n'a été que séquestrée.

Le grand-prieuré d'Allemagne est à la disposition du grand-duc de Bade.

En Italie, les biens de l'Ordre existent sans beaucoup d'altération.

A Naples, ils sont, à peu de chose près, conservés.

En Sicile, ils ne sont jamais sortis des mains des commandeurs.

En Espagne, les biens de l'Ordre subsistent, les embarras des finances ont seulement retardé la remise qui doit en être faite aux titulaires.

En Portugal, rien n'a été changé relativement aux propriétés de l'Ordre.

En France enfin, les bois n'ont pas été vendus.

Les ressources de l'Ordre sont donc assurées; il ne faut plus qu'une volonté unanime, de la part des souverains : on ne l'espérera pas en vain. Les jours de l'adversité sont passés pour l'Ordre de Saint-Jean de Jérusalem; que l'esprit de chevalerie se ranime, que le zèle de la Noblesse européenne seconde les efforts de l'Ordre, dont la puissance va renaître, puissance toujours assez forte pour défendre, mais qui serait trop faible pour attaquer, et qui ne peut jamais faire naître d'ombrage ni éveiller d'inquiétudes. Loin d'avoir perdu, dans la lutte où l'Ordre de Saint-Jean s'est trouvé engagé avec toute l'Europe, il peut encore recouvrer plus d'étendue et plus de splendeur.

Les moyens en sont faciles. On propose la réunion de la Suède, du Danemarck, de la Prusse, de la Saxe, des autres États immédiats de l'Allemagne occidentale et du royaume des Pays-Bas, à la langue affiliée anglo-bavaroise ; la création d'une langue grecque, et le rétablissement de l'ancienne langue anglaise ou britannique. On créerait un prieuré d'Irlande, destiné aux catholiques, que le gouvernement anglais semble vouloir favoriser : les deux autres prieurés seroient affiliés. On assure même que les biens ayant jadis, en Angleterre, appartenu à l'Ordre, ne sont pas dénaturés. La langue anglaise fut renommée dans l'Ordre. Son chef y portait le titre de *Turcopolier ;* et Thomas West, le dernier qui ait joui de cette dignité, est resté à Malte jusqu'en 1593, soixante ans après la séparation : il y vécut considéré. Le nombre des langues de l'Ordre serait alors porté à onze en tout. Ainsi, tout ce plan, que l'on ne fait qu'indiquer, peut être accueilli ; il intéresse la Noblesse de l'Europe ; il doit donc être agréable à tous les souverains. D'ailleurs, cette admission des États que l'on vient de nommer, ne changerait rien à ce qui est établi par les statuts de l'Ordre, et que des exemples récens ont confirmé. En effet, le

grand-prieuré de Brandebourg a toujours exis-
té, depuis la réforme : Frédéric-le-Grand a
constamment veillé à ce que les commandeurs payassent les responsions au trésor
de l'Ordre ; et, le plus souvent, les Chevaliers
qui prenaient la croix, étoient obligés de faire
leurs caravanes à Malte.

De son côté, Paul Ier, avec approbation du
Pape Pie VI, avait établi en Russie un prieuré
de la langue grecque, affilié à l'Ordre , et dont
les Chevaliers étaient, comme ceux du prieuré
de Brandebourg, assujétis aux caravanes.

Enfin, toutes les classes de la société trou-
veront des avantages dans l'existence de l'Ordre
de Saint-Jean. Les *diacos* deviennent la part
du clergé, et les servans d'armes ne sont point
choisis parmi la Noblesse. Ce titre de servant
d'armes rappelle une des belles institutions des
temps héroïques ; il reporte la pensée vers ce
siècle fertile en grandes actions. Alors les Chevaliers marchaient au combat , suivis d'un
écuyer fidèle, associé dès lors à leur gloire,
d'abord l'émule de son maître, bientôt son ami,
et peu après son égal.

Il reste à parler de l'utilité de rétablir l'Ordre , pour mettre un terme aux excès des Puissances barbaresques. Depuis que les Chevaliers

de Saint-Jean de Jérusalem sont condamnés à une nullité qu'ils repoussent, la ville de Marseille seule a perdu pour six millions de bâtimens dans une année. En 1798, les escadres barbaresques firent captifs, dans les îles de Saint-Pierre de Sardaigne, douze cents individus et deux consuls étrangers; depuis, ils ont dévasté les Açores, les Canaries, le banc de Terre-Neuve, et les côtes de l'Amérique septentrionale. En un mois, vers la fin de juillet 1814, soixante-sept bâtimens algériens sont sortis pour courir sur les Américains (1).

Il est vrai que des traités particuliers viennent d'être conclus avec les Barbaresques ; quelques autres paraissent annoncés : mais peut-on croire qu'ils soient exécutés? Une paix avec Alger et Tunis n'est qu'une trève de peu de durée; les prétextes, pour la rompre, n'ont jamais manqué aux Barbaresques. D'ailleurs, ces traités ne font point cesser le déshonneur de l'Europe chrétienne; s'ils sont violés, comme en effet ils viennent de l'être avec tant de barbarie, ira-t-on foudroyer Alger? Mais, cette

____

(1) *Voyez* le *Mémoire historique,* publié récemment par la Commission des trois langues françaises.

ville détruite, on n'aurait pas fini avec les Algériens. Le dey d'Alger disait, en 1682 : « Si vous
« m'eussiez offert, en or de Venise, il y a six
« mois, tout ce que vous avez dépensé inutile-
« ment, en poudre et en plomb, pour bom-
« barder ma capitale, je vous eusse livré tous
« mes États. »

L'histoire nous apprend aussi qu'une seule
expédition ne peut détruire ces barbares. César
échoua dans cette entreprise contre eux ; Charles-Quint dans la sienne en 1540 ; le roi Char-
les III, dernièrement, dans celle de 1775. Les
Espagnols ont bien eu Ceuta, Pennon - de -
Velez, Mélille, Oran, il les ont long-temps
gardés : les Algériens ne les attaquèrent pas, il
est vrai ; mais jamais leur puissance ne put s'é-
tablir au-delà des remparts.

Il faudrait donc une coalition bien formida-
ble pour anéantir les forces de ces hommes avi-
des des dépouilles, des larmes et du sang des
chrétiens. Il faudrait détruire leurs vaisseaux,
et se dévouer encore à une guerre perpétuelle
contre ces odieux Africains : l'Ordre souverain
de Saint-Jean de Jérusalem peut seul l'entre-
prendre avec succès. Placé vis-à-vis des régen-
ces de Tunis et d'Alger, l'influence de son nom,
la terreur de ses armes, serviraient à assurer la

conquête de cette partie de l'Afrique, ou, tout au moins, à faire respecter les traités et les différens pavillons des puissances continentales.

Il résulte de ces considérations :

1° Que l'Ordre de Saint-Jean de Jérusalem, souverain légitime, doit, comme les autres souverains dépossédés, recouvrer son existence, et recevoir des indemnités ;

2° Que d'ailleurs l'Ordre, dispersé dans ses membres, a toujours conservé son chef, sa forme de gouvernement, et ses statuts ;

3° Que la possession antique et sacrée des propriétés de l'Ordre n'a été attaquée que révolutionnairement, et par les principes de brigandage contre lesquels l'Europe s'est armée tout entière ;

4° Que la réintégration dans ces biens est de droit public et de droit universel ;

Et qu'enfin, un Ordre militaire, tel que celui de Saint-Jean de Jérusalem, peut seul, comme il le faisait si glorieusement jadis, remplir la tâche utile de s'opposer aux excès des pirates.

Une fois réintégré, l'Ordre affranchira les mers ; il assurera le commerce dans le Levant, l'Archipel et la Méditerranée.

Il enverra ses chapelains conventuels, missionnaires, en Afrique, essayer d'amener ces peuples à la foi et à la civilisation.

Les Chevaliers iront, d'une main, racheter les captifs des diverses nations, tandis que de l'autre ils combattront leurs oppresseurs.

Ce même esprit qui leur fit jadis panser, sous leurs tentes, les blessures des Croisés, conduira les galères des Chevaliers à la rencontre des vaisseaux, pour y prendre les malades, et les transporter dans ces hospices où la charité brave les maladies les plus contagieuses.

Il fondront et entretiendront des hôpitaux sur tous les points principaux des côtes de la Méditerranée, pour y soigner les matelots et tous les navigateurs.

Ils établiront, dans les petites îles qui leur seront concédées à cet effet, des lazarets, tant pour la peste, dont ils ont si long-temps préservé l'Europe, que pour la fièvre jaune, non moins dangereuse, et qui propage tant de germes de destruction.

Tout ce qui a navigué, sait avec quelle attention particulière l'Ordre faisait administrer ses lazarets et ses hôpitaux, les premiers du monde, et combien son ardente charité, jointe à une police, à une surveillance à-la-fois religieuse et militaire, offrait de garantie contre ces fléaux redoutables.

Tel fut l'esprit des pieux fondateurs de l'Ordre de Saint-Jean, tel est encore celui de ses Chevaliers : rien de ce qui est utile à l'humanité souffrante ne leur fut jamais étranger.

C'est le même courage, le même dévouement, montrés dans la Palestine, qui changent cependant dans l'application, et se modifient suivant le temps, les lieux et les circonstances.

Des vues si grandes, si nobles, si philosophiques, pour dire plus, si chrétiennes, seront, n'en doutons pas, approuvées par des Princes qui ont manifesté eux-mêmes tant d'élévation et de grandeur. Ils ont affermi la société sur ses bases ; ils sentiront la nécessité de maintenir une institution qui leur sert de récompense pour leurs sujets, un Ordre dont les membres n'ont jamais cessé de servir leur patrie, soit dans les armées, soit dans les conseils. Ils voudront protéger un établissement qui fut la première école des marines existantes aujourd'hui, et relever une puissance si limitée dans sa force, et qui, alliée naturelle de toutes les nations chrétiennes, ne peut porter d'ombrage à aucune ; une puissance qui, ne pouvant se

livrer au commerce, se voue cependant à protéger celui des autres, et qui ouvre ses lazarets
aux malades, ses hospices aux pauvres, et ses
ports aux vaisseaux naufragés.

Ils conserveront cet Ordre antique, qu'il a
fallu tant de soins et d'efforts pour soutenir, à
travers les passions et les siècles, et que la
hache de l'envie tenta d'abattre en un jour.

Cet Ordre illustre, qui rassembla, pendant
sept cents ans, dans son sein, les plus grandes
familles de l'Europe; qui fut fécond en héros
comme en bonnes actions; qui, par la pratique
de ses vertus religieuses, la grandeur de ses
services, l'éclat de sa gloire militaire, mérita
le respect des trois parties du monde, et qui est
encore le palladium des mœurs chevaleresques,
de ces vertus chrétiennes et guerrières qui peuvent seules défendre les trônes.

Cet Ordre enfin, resté debout au milieu de
tant de ruines.

Et si le criminel incendie, qui consuma le
temple d'Éphèse, eût épargné une partie de
ce merveilleux édifice, qui donc aurait achevé
la destruction de ce monument, l'orgueil des
siècles? Personne ne l'eût osé; mais des mains
puissantes et hardies auraient élevé des cons-
tructions nouvelles autour de ces débris pré-

tieux, pour les affermir et en perpétuer la durée, et cet ouvrage réparateur eût obtenu les
suffrages et la reconnaissance de la postérité.

De l'Imprimerie d'A. EGRON, rue des Noyers, n° 37.